Divertissements.

ACTE PREMIER.

INTRODUCTION.

M. Ponçot, Mlles Ferdinand, Maria ;
Messieurs et Dames du corps de ballet.

VALSE HONGROISE.

M. Grenier, Mlles Valentine, Mélina.

LITHUANIENNE.

M. Durand, Mlle Beaucourt.

POLKA.

MM. Durand, Grenier, Ponçot, Clair ;
Mlles Beaucourt, Valentine, Mélina, Ferdinand.
Le corps de ballet et les élèves.

ACTE DEUXIÈME.

PAS DE FEMMES.

Vingt dames du corps de ballet.

PAS BOUFFON.

M. Clair, Mlle Mélina.

PAS NOBLE.

MM. Durand, Grenier ; Mlles Beaucourt, Valentine.

VALSE POLONAISE.

Messieurs et Mesdames du ballet.

MAZURKA.

MM. Durand, Grenier, Clair, Ponçot.
Mlles Beaucourt, Valentine, Mélina, Ferdinand.

VARSOVIENNE

Exécutée par tous les premiers sujets, les élèves et le corps
de ballet.

1845

DISTRIBUTION DE LA PIÈCE.

PERSONNAGES.	ARTISTES.
LOVINSKI, amant d'Olizka	M. Durand.
LADISLAS, ami de Lovinski	M. Tony.
VOLUSKO, ancien militaire.	M. Pierrard.
POLKOFF, paysan	M. Clair-Bénier
OLIZKA, fille de Volusko.	Mlle Beaucourt.

Nobles polonaises, Seigneurs, Ecuyers, Pages, Hommes d'armes, Paysans, Paysannes.

La scène se passe en Pologne. Au premier acte, dans le village qu'habite Olizka ; au second, dans le château du prince Lovinski.

OLIZKA.

ACTE PREMIER.

DÉCORATION. — Un site agreste.

SCÈNE PREMIÈRE.

Lovinski a devancé l'heure où chaque matin il vient jurer à l'aimable Olizka de ne l'oublier jamais. Pourquoi donc cet empressement? C'est qu'il attend, en ces lieux, le comte Ladislas, auquel il désire confier un important secret...

SCÈNE II.

Le comte ne tarde pas à paraître. Il est étonné en voyant son ami couvert des vêtements d'un simple villageois. — Depuis un an qu'Olizka et son vieux père habitent cette modeste demeure, il n'est bruit, dans toute la contrée, que de la beauté de la jeune fille. Lovinski a voulu voir cette merveille. A l'aide de ces grossiers habits il pénétra dans le village sans éveiller le soupçon. Sous le nom d'Eméric il approcha Olizka; mais il ne put la voir sans l'aimer. De son côté l'innocente fille ne put se défendre d'une douce émotion... Les soins, les attentions délicates du prince achevèrent sa conquête, et bientôt Eméric et Olizka firent serment de vivre désormais l'un pour l'autre. Cependant, avant d'élever son amie jusqu'à lui, Lovinski a formé le dessein de la soumettre à une épreuve bien pénible. Il fait part de son projet au comte; celui-ci l'approuve, et promet de remplir fidèlement les intentions du prince.

SCÈNE III.

En ce moment, Polkoff, le rustique amoureux d'Olizka, arrive tout joyeux à la chaumine de Volusko... Ladislas l'arrête... lui défend de parler à la fille du vieux soldat, sous peine d'encourir toute sa colère; puis il échange un regard avec Lovinski et regagne le chemin du château. Polkoff tremble de tout son corps. Eméric le plaisante sur son peu de courage; il a cédé trop facilement aux exigences du seigneur : tout le village se moquera de lui. Polkoff, au désespoir, cherche à se donner du courage, à avoir l'air brave, et, de loin, il menace le comte qui franchit en ce moment la colline. Le pauvre paysan, en proie à de nouvelles frayeurs, se sauve à toutes jambes.

SCÈNE IV.

Mais l'heure qui réunit chaque jour Lovinski à Olizka vient de sonner. La jeune fille sort de l'habitation de son père et vole dans les bras de son amant : *Mon Eméric! Mon Olizka!* que nous sommes heureux! Et pourtant nous n'avons pas encore parlé de notre amour à mon père. Ne crains rien mon Olizka; demain il saura tout; demain notre bonheur ne sera plus troublé.

SCÈNE V.

Polkoff reparaît; il ne peut plus y tenir, et la peur cédant un instant à la jalousie, il se jette entre les deux amants, il reproche à Olizka de le repousser pour écouter son vilain Eméric, et il court apprendre ce qui se passe à Volusko; mais Lovinski lui barre le chemin, le renverse à ses pieds, et ne lui fait grâce que lorsqu'il a promis de renoncer à son projet.

SCÈNE VI.

Les villageois se sont rassemblés pour fêter le vénérable Volusko; ils descendent gaiement la colline et se dirigent vers la chaumière. Olizka les remercie tous de leur empressement; puis elle aide les garçons à décorer la demeure de son père, et, pendant ce temps, Lovinski raconte aux jeunes filles la mésaventure de Polkoff. Toutes se mettent aussitôt à le tourmenter. Le pauvre garçon ne sait que devenir; enfin, après bien des efforts, il parvient à leur échapper, et à se réfugier chez le vieux Volusko.

SCÈNE VII.

Inquiétude d'Olizka et de ses compagnes. — Conseils de Lovinski pour tromper l'espoir de Polkoff.

SCÈNE VIII.

Volusko arrive, il voit toutes les jeunes filles groupées autour d'Olizka vis-à-vis la chaumière. Tous les garçons avec Éméric vers la colline, et, près de lui, Polkoff tout interdit. Le vieillard gronde ce dernier, l'engage à ne plus médire ainsi à l'avenir; puis il embrasse sa fille chérie, témoigne combien il est sensible aux intentions de ces bons villageois et accepte la petite fête qu'ils lui ont préparée.

DIVERTISSEMENT.

SCÈNE IX.

Des sons guerriers se font entendre. Les jeux sont suspendus. Le comte Ladislas s'avance entouré de pages, d'écuyers, d'hommes d'armes. Olizka ne peut rester plus longtemps confondue parmi les paysans de ces domaines : sa beauté, ses vertus la rendent digne de régner sur eux, et, dès ce jour, le comte dépose à ses pieds sa couronne. — Effroi d'Olizka ; bonheur inespéré de Volusko. Étonnement des garçons. Jalousie des jeunes filles. Douleur simulée de Lovinski. Joie de Polkoff qui s'est presque consolé de perdre celle qu'il aime en pensant qu'Éméric ne sera pas plus heureux que lui. — Mais, bientôt remise d'un premier mouvement de terreur, Olizka refuse avec courage l'offre brillante de la main du comte ; elle adore Éméric, et jamais elle ne sera qu'à lui. — Fureur feinte de Ladislas qui ordonne de séparer ces deux imprudents, de charger de fers ce vil rival et de le traîner aux prisons du château. — Courroux de Volusko qui repousse la fille indigne qui déshonore ses cheveux blancs. — Horreur des villageois qui reculent en détournant les yeux. Désespoir d'Olizka, qui, pour sauver les jours de son amant, implore la clémence du comte, se jette à ses genoux, consent à s'unir à lui, envoie un dernier baiser à Éméric et tombe sans connaissance aux pieds de son vieux père...

Consternation générale!...

ACTE DEUXIÈME.

DÉCORATION.

La salle d'apparat du château de Lovinski richement décorée et brillamment éclairée.

SCÈNE PREMIÈRE.

Olizka s'avance lentement; elle est triste, accablée. La pompe de ces lieux, l'éclat de la couronne, rien ne peut l'arracher à sa douleur;... rien ne peut lui faire oublier Éméric!...

SCÈNE II.

Étouffé, hors d'haleine, Polkoff pénètre dans la galerie, se jette aux pieds de la princesse, et la supplie de le soustraire à la poursuite d'une troupe de petits pages qui lui font mille espiégleries. — Il est surpris en reconnaissant Olizka!... Les brillants vêtements qu'elle porte la rendent plus belle encore. — La noblesse de son regard, l'élégance de son maintien le forcent au respect, et il s'incline avec timidité devant celle qu'il voulait épouser, et qui se retire après lui avoir promis protection.

SCÈNE III.

Polkoff a suivi des yeux Olizka dont la souffrance n'a pu lui échapper... Il ne conçoit pas qu'au milieu des grandeurs, des richesses, elle puisse regretter ce méchant Éméric, qu'il déteste... Il ne conçoit pas non plus tout ce qui lui arrive. Entraîné dans un superbe château, affublé d'un baroque et ridicule pourpoint, tourmenté par une foule de vauriens aux ordres d'un grand vilain Seigneur qui lui enlève son amoureuse... n'y a-t-il pas de quoi perdre la tête? En ce moment les pages, qui s'étaient retirés à la vue de la princesse, et qui se sont assurés de son éloignement, reparaissent; ils entourent le pauvre Polkoff qui ne sait plus que devenir... qu'il rie, qu'il pleure, qu'il se fâche il ne peut obtenir merci; mais le comte Ladislas qui s'avance le délivre heureusement des petits importuns.

SCÈNE IV.

Le prince Lovinski est bientôt auprès de son ami auquel il exprime tout son bonheur. L'épreuve qu'il a fait subir à sa chère Olizka a réussi au gré de ses désirs ; et l'instant approche où il va pouvoir jouir à la fois de son étonnement et de sa félicité.

SCÈNE V.

GRANDE MARCHE.

Le clairon retentit dans le palais... la grande salle ne tarde pas à être envahie... Soudain nobles dames, seigneurs, pages, écuyers, hommes d'armes rendent hommage à la jeune princesse. Lovinski, lui-même, s'agenouille devant elle. Olizka éprouve un trouble qu'elle ne peut définir ; elle se remet pourtant, et lève les yeux sur l'époux qui lui est destiné. Oh ! bonheur ! Émeric ! est-ce un songe ? un prestige ? Émeric à ses pieds... sur son cœur, Émeric sous ces riches vêtements. Et là, présent, le comte auquel elle doit être unie. Lovinski instruit sa bien-aimée de tout ce qui s'est passé. Ladislas la prie de lui pardonner la tyrannie dont il a usé envers elle... Un sourire est sa seule réponse ; son bonheur est si grand !...

SCÈNE VI.

Le vénérable Volusko s'avance. — Olizka se précipite dans ses bras, le presse contre son sein ; lui montre son cher Lovinski, son amant, son époux. — Le vieux guerrier s'empresse de céder au désir de ses enfants ; il appelle la bénédiction du ciel sur leur hymen. Les dames forment des vœux pour leur félicité ; les seigneurs jurent de leur consacrer leurs armes ; et Polkoff, d'abord extasié devant la princesse, puis atterré à la vue de Lovinski, oublie bientôt son amour et sa rivalité pour prendre part à l'allégresse qu'inspire un si beau jour.

FÊTE BRILLANTE ET CHEVALERESQUE.

FIN.

La Croix-Rousse. — Th. Lépagnez, Imprimeur.

Publications

EN VENTE A LA LIBRAIRIE DE PROSPER NOURTIER,

RUE DE LA PRÉFECTURE, 6, A LYON.

LE DIABLE A LYON, drame mêlé de chant, en cinq actes et six parties, précédé de la TERRASSE DE FOURVIÈRES, prologue en deux tableaux, par M. Eugène Cormon. Prix : 50 cent.

ATIM ET ZORA ou l'Embrasement du Harem, ballet-pantomime en trois actes, par M. Bartholomin. Prix : 30 cent.

SÉMIRAMIS, grand opéra en quatre actes, de Rossini, traduction de M. Numa Lafont. Prix : 50 cent.

RICHARD COEUR DE LION, opéra-comique en trois actes, par Sedaine, musique de Grétry, avec la distribution de la pièce en 1784 et en 1844. Prix : 50 cent.

LUCRÈCE, tragédie en cinq actes et en vers, par F. Ponsard.

ANTIGONE, tragédie de Sophocle.

LA CIGUË, comédie en deux actes et en vers, par Emile Augier.

LES BEAUTÉS DE L'OPÉRA, ou Chefs-d'œuvre lyriques, par Théophile Gautier et Jules Janin. Magnifique édition de luxe, publiée en 20 livraisons ; chaque livraison contiendra 16 à 24 pages, 8 ou 10 gravures, et un beau portrait gravé au burin sur acier. — Prix de chaque livraison : 2 fr.

LES MYSTÈRES DES THÉATRES DE PARIS. Observations !! Indiscrétions !! Révélations !! Par un vieux comparse. Edition illustrée du portrait de l'auteur et de vignettes sur bois ; un vol. in-18. Prix : 3 fr.

GALERIE DES ARTISTES DRAMATIQUES, contenant 80 portraits en pied des principaux artistes, avec notices biographiques ; formant 2 vol. in-4. Prix : 40 fr.

ON TROUVE A LA MÊME LIBRAIRIE :

Toutes les pièces de théâtres publiées dans la France Dramatique, le Magasin Théâtral et le Répertoire Dramatique.

La collection complète de tous les volumes publiés dans le format in-18, dit *Charpentier*.

ABONNEMENTS ET SOUSCRIPTIONS A TOUTES LES PUBLICATIONS NOUVELLES.

Assortiment de beaux Livres illustrés.

Cartonnages et Reliûres de tous prix.

Dépôt de Livres étrangers.

HEURES DE LYON AVEC DE BELLES RELIURES

Abonnement à la Lecture.